祈りの山　宝満山

写真　栗原隆司
文　森　弘子

海鳥社

「祈りの山宝満山」によせて

財団法人太宰府顕彰会会長
宝満宮竈門神社宮司　西高辻信良

天智天皇三（六六四）年、大宰府政庁創建の時、鬼門に当たる宝満山（竈門山《かまどやま》）山頂において八百万の神を祀り、大宰府、及び九州一円の鎮護を祈って祭祀が行われてから、平成二十五年には千三百五十年の意義深き年を迎えます。

この長い歴史の中で、古来からの水分《みくまり》の神としての農業神に加え、奈良時代から平安初期には国家鎮護や遣唐使の航海安全を願って国家的な祭祀が行われ、最澄を始め、大宰府から唐に向かう多くの高僧もまた、航海の安全・入唐求法《にゅうとうぐほう》を竈門山の神に祈りました。鎌倉期には山麓に三七〇もの坊舎があり、仏教文化が花開き、修験道の山としても厚く信仰されてきました。明治元年の神仏分離令によって大きな変革を余儀なくされましたが、竈門神社は、今日でも変わらぬ信仰を集め、宝満山は多くの登山者で賑わっています。

九州の数ある山の中でも、宝満山は最も人々に愛され、親しまれている霊峰ではないでしょうか。雨が降り、雪が降ろうとも山頂の上宮を目指す登山者の姿が

絶えることはありません。千回、二千回、中には五千回と登られた方もおられます。山麓の里々では、山の恵みを受けた暮らしと信仰が息づいています。

　私は太宰府に生を受けてから今日まで、朝夕に宝満山を仰ぎ見て育ち、出張から飛行機で福岡へ帰った時などは、宝満山が見えると、ホッとして心が安らぎます。

　宝満山の歴史をしのぶ数々の史跡、豊かな自然、山の恵みに包まれた人々の信仰と暮らしを、太宰府で生まれ育ち、太宰府在住の栗原隆司氏の愛情こもった目線からの撮影によって、素晴らしい写真集が出来上がりましたことを大変嬉しく思います。

　また、お忙しい中に常日頃から宝満登山を続けておられます、ＪＲ九州の石原進会長、ふくやの川原健前会長、宝満山の豊かな自然と環境を守るために日々活動をしていただいています西鉄山友会の伊藤博紀会長に玉稿をお寄せいただきましたことを、誌面を借りまして厚くお礼申し上げます。

　近年の登山ブームで山の自然破壊が各地で問題となっています。宝満山の多くの史跡と豊かな自然・環境を後々の代まで伝えていくために、皆様と手を携えてまいりたいと思います。ご理解・ご協力お願い申し上げまして、ご挨拶と致します。

祈りの山宝満山◉目次

山に抱かれて

右：大宰府政庁跡から鬼門除けに八百万神(やおよろずのかみ)を祀った宝満山が見える。どちらも悠久の歴史を秘め、まほろばの静かな時間が流れる。
左：平成23年の初日の出に宝満山山頂で手を合わせる人々(撮影:山﨑久己氏)。

朝日に映える　宝満《ほうまん》山の
みどりの風も　うつくしく

太宰府市民の歌「ふるさと太宰府」はこう歌い出す。

日々仰ぐ宝満山から昇る朝日に、古い昔から、太宰府に暮らす人々は一日の安寧を祈ってきた。

西から見ると竈《かまど》のような形の山、南から見ると富士山を思わせる三角錐の山、東から見ると連なる山々の中、頂部に巨岩を拝する山。見える山の姿は、異なっていても、堂々とした気高さはどこから仰いでも同じ。吹き来る風も心地よく、すべての人を包んでくれる。この山は、麓《ふもと》に広がる平野を潤す川の水源の神の坐《まし》す山であり、ここに住む人々は、この山に抱かれ、四季折々に、山の神に祈願と感謝を捧げることを繰り返し、日々の営みに励んできた。

元旦、初日の出を拝む人で山頂は立錐の余地もない。現れる初日に沸き上がる「万歳」の声、柏手《かしわで》。一方、麓の北谷の氏神さまでは〝板敷《いたじ》きぬくめ〟。家族揃って初詣に来る村人に、宮座の大当番は、拝殿に座り御神酒を振る舞う。桜の頃には内山の、石楠花《しゃくなげ》の頃には北谷の春籠《はるごも》り。種まき前の一日、村中総出で豊作を祈願し会食をする。農繁期を前にした長閑《のどか》なひととき。

六月には、柚須原《ゆすばる》・本道寺・大石・原《はる》・内山・北谷、山麓を取り巻くすべての村の棚田に水が張られ、宝満川が潤す吉木・阿志岐《あしき》・高雄の広々とした田にも新しい苗が植えられる。

夏の〝およど〟では、茅《ち》の輪や千灯明に無病息災を祈る。地蔵さまのおよどや盆綱は子供たちが主役だ。宝満川の下流小郡の花火大会の音もかすかに聞こえてくる。

彼岸花が畦《あぜ》を真っ赤に彩る頃を過ぎ、やがて実りの秋。黄金《こがね》波たつ田の向こう、宝満山は変わらぬ美しい姿で、刈り入れに忙しい人々や元気に畦で遊ぶ子供たちをご覧になっている。

忘れられないふるさとの情景にはいつも宝満山がある。

新春

平成23年の初日の出。寒波が襲い雪模様の元旦であったが
一瞬雲が消え、荘厳なご来光に奇跡的に巡り合う（撮影：山﨑久己氏）。

太宰府市北谷の新年行事「板敷きぬくめ」。
地区の人たちが元旦の夜明け前から
1年の無病息災や開運を願い
北谷宝満宮に初詣する。
拝殿では今年の大当番が待ち受け
新年のあいさつをし
お神酒と昆布、するめをいただく。

無病息災、家内安全を祈る新年行事
「ほんげんぎょう」。
毎年１月７日前後の日曜日
早朝未明に
竹や藁で組まれたやぐらを
正月飾りとともに燃やす。
北谷地区では
平成23年は１月９日朝６時30分、点火。
雪の宝満山に見守られ
子供たちも早起きをして大勢参加した。

春

筑紫野市吉木の宝満川沿いには桜並木が連なる。
若い樹が多く、大きく育つこれからが楽しみ。

太宰府市北谷の宝満宮前
藤棚の奥に宝満山が迫る（上）。

竈門神社境内に
桜の苗木を献桜する還暦厄晴献木祭。
太宰府では
数え41歳の初老の男性と還暦の男女が
太宰府天満宮に献梅する「梅あげ」、
その翌年に
竈門神社にモミジを奉納する「紅葉あげ」
の厄祓い伝統行事がある。
近年は50年先を見据えて桜を奉納。

菜の花畑の先に
宝満山を仰ぎ見る
北谷からの風景(左上)。
筑紫野市阿志岐から
レンゲ畑越しに見た宝満山の姿(左下)。

4月中旬に行われる
北谷の春のお籠(こもり)。
北谷宝満宮には
五穀豊穣を願う
集落のたくさんの人が寄り合う(上)。
神事を終えると宝満宮にて
直会(なおらい)となる(右)。

北谷宝満宮境内では
お籠に合わせるように
八重桜が見頃となる(左上)。
北谷は花の美しい集落で
民家の庭先には
しだれ桃の花が華麗に咲き競う(左下)。

宝満山山麓にある
筑紫野市本道寺の鎮守さま
大山祇(おおやまずみ)神社。
かつては宝満の山伏が
祭礼を受け持っていた。

本道寺バス停から
シラハゲ尾根道、
提谷(ひさげだに)新道登山口
に至る途中の
棚田では
田植えの季節を迎えた。

宝満山山麓の
太宰府市南谷の夕焼け。
正面は
四王寺山(しおうじやま)で
右手後方が福岡市街。
有智山(うちやま)城跡も近い。

南谷の黄昏風景。
棚田に水張りと
代掻(しろか)きがすめば
田植えの準備も完了。
奥に見える
二日市方面の市街地に
灯がともりだす。

夏

四王寺山山頂から眺めると、夏雲の下には宝満山と愛嶽（おたけ）山が。
盆地の太宰府市街も暑そうで
急速に発達する積乱雲に夕立後の涼しさが待ち遠しい。

6月の麦秋、筑紫野市吉木の麦の刈り取り風景。この地域は稲作との二毛作地帯が多い。

太宰府天満宮の菖蒲池から見る6月の宝満山。
境内は深い楠の森に囲まれ、ここが花菖蒲と宝満山を同時に望める唯一の絶景ポイント。
かつては「宝満眺め」と呼ばれた。

夏の夕暮れ時、珍しく空高くスジ雲が。
この雲が現れると天気は下り坂（太宰府市五条から）。

筑紫野市阿志岐小学校１年生の授業
「どろんこ遊び」。
田植え前の水田の様子を楽しく学ぶ。

宝満川と宝満山。宝満川は、はるか万葉集の時代には蘆城(あしき)川と呼ばれた。
山の恵みが川となって運ばれていく。今の筑紫野市阿志岐より。

阿志岐小学校２・５年生による合同田植え体験授業。

北谷の7月行事およど千灯明。
手作りの竹の台座にロウソクがともされ
北谷宝満宮参道を
竹燈の柔らかい光りが照らし出す。
社殿入口に掲げられた鬼面に見守られ
お手伝する子供たちも
楽しみながら伝統行事を学ぶ。

子供たちのすこやかな成長を願い
北谷では7月下旬に
お地蔵さまのおよどが行われる。
地区の人々が大事に守ってきた
平安期のお地蔵さまが安置され
夕刻から次々にお参りに訪れる。
子供たちにお菓子とお茶の接待。

KEEPER

夏休みになると
宝満川に涼を求めて、子供たちは水遊びに興じる
（筑紫野市大石）。

8月に入ると
宝満川河畔で
「小郡夢 HANABI」が開催される。
今夜は夏の夜の花火と月の共演。
宝満川はこのあと
久留米市宮の陣で筑後川に合流し
有明海へと注ぐ。

8月15日の日暮れ時に行われる
北谷の盆綱引き。
子供チームと大人チームに分かれて
互いに綱を引き合う。
3番勝負の最後に綱は真ん中で切断され
双方引き分けで勝負は終わる。
北谷消防団ポンプ車を使い子供たちは放水体験。
北谷公民館グランドでは盆まつり。
里帰りの人たちも加わり
カラオケ大会などで大いに盛り上がる。
子供たちはラムネ早飲み競争。

秋

彼岸の中日を見計らったように彼岸花が田んぼの畦道を真っ赤に染め上げる。
彼岸を過ぎると稲穂の頭はますます垂れて
あと2週間もすれば実りの秋、稲刈りの季節だ（筑紫野市阿志岐）。

9月に入っても厳しい残暑が続く中
稲の成育を妨げる雑草取りが黙々と続く（筑紫野市吉木）。

太宰府市高雄から収穫間近となった稲田とともに宝満山を遠望。
裾野を広げた秀麗な姿は御笠山と呼ぶにふさわしい。

田んぼに飼料用の藁ロールが見られるようになると、
あちこちで冬支度が始まる（筑紫野市吉木）。

雨上がりに雲が駆け足で通り過ぎ
太宰府市五条から見える宝満山は
秋の装いへと変化していく。

竈門神社のモミジが色づくと
宝満山も冷え込むようになる。
幼き山ガールたちも防寒対策はバッチリ。

柿が色づき大宰府政庁跡にも秋の訪れ。右奥に宝満山、左は岩屋城跡が見える四王寺山。

筑紫野市吉木のコスモス畑から見上げる宝満山。
秋晴れで穏やかな山容を見せる。

宝満山にポッカリと浮かぶ十三夜の月
（四王寺山山頂から）。

星降る宝満山。
新月の夜に北谷登山口から闇夜を見上げれば
ゆっくりと星空が回転する。

冬

前夜の雨が上がりよく晴れた無風の朝、地表の湿気で朝霧が発生する。
この日の朝霧は太宰府の市街地をスッポリと覆い、太陽が東の空に高く昇っても取れなかった
（四王寺山山頂から）。

北谷の「宮座」は
氏子総出で
五穀豊穣、秋の実りに感謝する祭り。
北谷宝満宮に参拝後、
お神酒と新米をいただく。
その後、上・中・下 3 か所の座元宅に集まり
お神酒にブリの刺し身、がめ煮
かしわめしなどのごちそうがふるまわれる。
最後に大根の輪切りが供されて
翌年の世話役に引き継ぐ
「頭(とう)わたし」の行事で宮座を締めくくる。

原(はる)の「宮座」は
五穀豊穣に感謝し
新糯米を円錐状の苞(わらづと)に包んだ
「オキョウ(お供)」を
竈門神社に奉納する。
このあと原公民館に場所を移し
「頭わたし」が行われる。

宝満山に見守られ
阿志岐小学校２年生たちが
持久走大会に向け
近くのグランドで練習中
（筑紫野市阿志岐）。

いよいよ冬将軍の訪れ
（太宰府市内山から）。

雪化粧した１合目の石碑。
竈門神社を経由し
宝満正面登拝道と林道の
分岐点に立つ。

竈門神社境内もかなりの積雪。
雪の日だからこそ
今日も大雪の宝満山登山へ。

竈門の杜

右：縁結びの神様は玉依姫命(たまよりひめのみこと)。こちらにお参りしたら、わずか90日で出会いから結婚に至ったという素晴らしい話も聞く。
左：招霊(おがたま)の木に願いを込めて恋みくじ。

烟《けむり》たつかまどの山の緋桜は
香飯《きようはん》の国の贈る春風　仙厓《せんがい》

竈門神社のご祭神は玉依姫命《たまよりひめのみこと》。相殿に神功皇后、応神天皇を祀る。延喜式内社であり、平安末期には「九州惣鎮守」「鎮西鎮守」などと称され、近代は官幣小社でもあった。大陸・半島と対峙する地にあるこの神社では、長きにわたって鎮護国家を祈る国家的祭祀が行われてきた。

そんな厳めしい歴史は歴史として、玉依姫様は、姉、豊玉姫が遺した鸕鶿《うが》草葺不合尊《やふきあえずのみこと》を育て、神武天皇の母ともなられた母性愛豊かな神様なのである。

この地方に住む若者は十六歳の春、これまで無事に育つようお見守りくださった玉依姫様にお礼をし、さらにこの先の人生の幸せを祈るため、連れだって上宮へお詣りした。その時、願いをこめて上宮付近の木に〝縁結びのこより〟を結びつけたという。

十六詣りの風習は、戦後の学制改革などで廃れたが、麓の下宮、竈門神社では、今も縁結びを祈る人々が絶えない。神前で一人そっと手を合わせる人、友達どうしで〝恋みくじ〟を見せ合う人、〝愛敬《あいけい》の岩〟で恋占いしてはしゃぐ仲間たち。〝再会の木〟の傍の絵馬かけには、恋の願かけ絵馬が鈴なり、森厳な雰囲気の竈門の杜は、華やいでいる。

竈門の杜は日本古来の照葉樹の森だったのであろう。本殿の後ろには、スダ椎の天然林が広がっている。境内を埋め尽くす紅葉や桜は、多く寄進によるもの。太宰府では初老や還暦の厄年に天満宮に〝梅あげ〟をした翌年、竈門神社に〝紅葉あげ〟をする。長い年月、献木され続けた紅葉は大きく成長し、錦秋の美しさは息を呑むほど。

竈門の杜は、秋の紅葉とともに春の桜の名所としても知られる。竈門神社のご神紋は桜、緋桜はご神木である。

竈門の杜に包まれていると清浄な気持ちになれる。ここはまさに、玉依姫様の香飯の国（清浄界）なのだ。

桜並木をくぐり抜け紅葉のトンネルを通り
ゆっくりと石段を登りつめた先に、竈門神社本殿が鎮座する。

新春

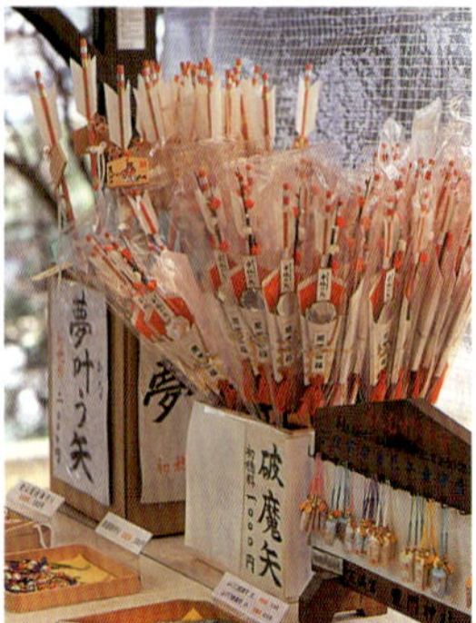

平成23年1月1日午前0時
あいにくの雪模様と
冷え込みにもかかわらず
本殿前には
初詣の参拝者が行列をつくり
新年を迎えた。
夜が明けてからも
参拝者は絶えることがなかった。
若い女性のグループ
カップルの姿が目立つのも
「縁結び」の神様
竈門神社ならでは。

春

竈門神社に縁深い緋桜の見頃は３月中旬。

桜の名所でもある竈門神社は
３月下旬から参拝と花見の人たちでにぎわう。
特に最初の20段ほどの石段を上った桜並木が美しい。

枝が低く垂れ
子供でも頭が触れそうなくらい。

スケッチブックに
一心に絵筆を走らせる人も。

招霊(おがたま)の木の花を
見ることができるのは
４月下旬から５月初めにかけて。

桜並木もモミジの木も若葉新緑の装いに。
大銀杏にも春の訪れ。新緑が芽吹く。

竈門神社本殿奥に広がる
スダ椎の森は
長く人の手が入らない天然林。

本殿横の石楠花（しゃくなげ）は４月下旬には見頃に。

良縁を願い恋みくじを引き
縁結び祈願をする。
招霊の木には
恋みくじが次々と結ばれていく。
願い事が叶いますように！

夏

本殿右手には
恋の願かけ絵馬と再会の木があり
梅雨の雨の中、一人静かに。
夏は涼しく、浴衣で参拝
恋みくじは大吉？

しとしと梅雨の雨粒が
本殿の銅板屋根を
優しく叩く音だけが響く
静寂の昼さがり。

6月中旬を過ぎると
紫の可憐な山紫陽花(やまあじさい)が
モミジの杜の下で次々に開花し
本殿下の紫陽花苑が華やぎ出す。

秋

12月初め錦繍の晩秋、
モミジの紅葉と大銀杏の落ち葉があたり一面を埋め尽くす。

11月から12月初めにかけてモミジの杜は紅葉し、風が吹けばハラハラと落葉。
美しい秋風景に誘われて、紅葉狩り、特等席でお弁当。

お社と紅葉のコントラストがみごと！
竈門神社境内は紅葉が埋め尽くす。

竈門神社境内の愛敬(あいけい)の岩は
目をつぶり左の岩から右の岩に進む。
みごと右の岩に触ることができると
恋が成就するという。

恋の願かけ絵馬。
母娘仲よく、友達どうしで縁結び祈願。
二人の願い事は?
秋の柔らかい日射しがみんなを包み込む。

恋占い

冬

竈門神社本殿にシンシンと降り積もる雪。
桜並木も白一色の世界。

下・右から
本殿左手にある
夢想権之助神社も雪の中。
おみくじも雪の下、
シャクナゲには白い花が咲く、
ロウバイと名残り雪。

宝満宮
竈門神社

竈門神社の野鳥

文・写真：平木洋一郎

メジロ
全長11㎝、雌雄同色、暗黄緑色。竈門神社で年中見ることができる。梅、桜の咲く時期に集団で飛来する。

私が野鳥に興味を持ったのは、持病の病状改善のため主治医より運動をするよう勧められ、竈門神社へ往復一時間程度の散歩を日課としたことがきっかけです。その道中、いろいろな鳥と出合います。しかし、その大半は名前がわかりませんでしたので、小さな図鑑を片手に、鳴き声、姿を確認しながら覚えていました。

ただ、視覚だけでは詳細がわからない鳥が多く、古い一眼レフカメラに望遠レンズをつけ撮影していましたが、鳥の動きにはとてもついて行けません。ピンボケ、鳥が写っていない状態の連続でした。

そこで、カメラ店で勧められたデジタルカメラを使い始めたところ、撮影のテンポが速くなりました。

撮影を始めて五年ほど経過しました。この間、道路網の整備による騒音・排気ガスなどの増加、道路沿いの工場誘致や山林の開発、さらに地球温暖化などの影響もあり、環境が変わりつつあります。竈門神社およびその周辺は、里山の役割を担っており、野鳥の宝庫として豊かな自然が残ることを願っています。

アオバズク
全長27〜30.5㎝。顔は丸く、背は濃い褐色。胸から腹部にかけて白色に褐色の太い縦斑が目立つ。アジア南部・東部・台湾・日本全国（夏鳥）。竈門神社では５月の連休前後から８月頃見られる。

ウソ（雄）
全長15〜16㎝、頭と尾、翼の大部分は黒、背中は灰青色。雄の頬、喉は淡桃色。冬にヨーロッパ、アジア北部から飛来。天神様の使いとされ、太宰府天満宮では木彫りの木鷽を使った鷽替え神事が行われる。

イカル
全長23㎝、雌雄同色、頭が大きく、三頭身に見える。低山から1000mの林に住む。竈門神社周辺では12～5月ごろ集団で見かける。

ホオジロ（雄）
全長11㎝、額・眉線・嘴の下・尾の下が白い。高い木の梢や電線などに止まってさえずるので、よく目立つ。

ミヤマホオジロ（雄）
全長16㎝、頭上・頬は黒色、後頭部・眉斑・喉は黄色。極東アジアの一部と中国西部で夏を過ごし、越冬のため日本へ。竈門神社では12～4月に見かける。

ジョウビタキ（雌）
全長15㎝、雄は頭部が灰白色、顔は黒色、腹はオレンジ、翼には白斑があり美しい。雌は全体に淡い色。冬鳥として中国・シベリアから飛来する。竈門神社周辺では、10月下旬～4月ごろ見られる。

モズ（雄）
全長20㎝、頭部が大きく尾は長い。雄の頭は橙褐色で背は青灰色、尾は黒褐色、目には黒い線が通る。木の先端や電線などで高鳴きをする。嘴が鋭く、獲物を枝先などに刺す「はやにえ」の習性がある。

キレンジャク
全長20㎝、雌雄同色、ずんぐりしていて、尾は短く先端は黄色。体色は淡い褐色、冠羽があり、過眼線は黒く、嘴の下、翼も黒い。冬鳥としてシベリアなどより飛来。渡来数は年によって違い、見かけないこともある。

キセキレイ
全長20㎝、雌雄同色、尾が長くスマートな水辺の鳥。背は灰色、喉は黒く、胸は黄色。1、2羽～家族単位で行動し、常に尾を動かしている。竈門神社境内でも早朝に見かける。

とこしえの祈り

右：宝満山採灯大護摩供。護摩檀の炎が勢いを増す。
左：宝満山山麓の本谷遺跡に再建された六所宝塔の安西塔

千早振る竈門の山は筑紫路を
統《す》ぶる霊峰雲曳《ひ》きて
太宰府守護の大神ぞ……
（琵琶歌「竈門山」小原菁々子作詞）

青葉薫る五月の最終日曜日、竈門神社に筑前琵琶中村旭園師の琵琶の音が響く。宝満山採灯大護摩供の始まりだ。明治初期の神仏分離令によって山伏が山を去ってから一一〇年。再びこの山に法螺《ほら》の音が戻ったのは、昭和五十七年、開山心蓮上人の一三〇〇年遠忌の年だった。

本殿からご神火を頂き、護摩壇に点火する。檜葉で覆われた護摩壇からたち昇る煙は龍のように天に向かい、採灯師は、一心に祈りを凝らす。やがて護摩壇から火の鳥が舞い立つと、「家内安全」「無病息災」など人々が書いた様々な祈りの護摩木が投げ込まれる。かつて山伏が行った〝作《さく》だめし〟や十六詣りの先達は、担い手や方法は変わっても、その祈りの心は現在も受け継がれている。

春のお籠《こもり》に豊作を祈願し、夏祭り・およどでは無病息災を祈り、七夕の短冊に願いを込め、八朔《はっさく》の祭に稲の生育を感謝し台風の被害のないことを祈る。そして収穫感謝の新嘗祭、宮座。一年間無事に過ごせたことを感謝して新しい注連縄《しめなわ》を綯《な》い、神前に掲げる。

祈りは日々の暮らしの中にあり、宝満山に坐す神仏たちと人々も、祈りの心でとこしえに結ばれる。

宝満山麓内山にある妙香庵。伝教大師像のお側に、新宮町の千年家（横大路家住宅）の竈でともし続けられてきた不滅の法火が移されてくる。最澄が唐より帰朝した時、世話になった源四郎に与えた中国天台山の法火で、織田信長の焼き討ちで法火が消えた比叡山にも運ばれたという由緒のある火が、千二百年の時を超えて、最澄入唐出発の地でともり続けることになったのだ。宝満山に坐す神仏への祈りは、この火のように、とこしえにともり続けるであろう。

新春

歳旦祭《さいたんさい》

1月1日

元旦の朝に行われる
新年最初のお祭り。
国の繁栄や平和、
家運隆盛や幸せを
祈る神事が、
ご本殿で
厳かに執り行われる。

作だめし《さくだめし》

1月1日

元旦に行われる
農作物の豊饒を願う行事。
五穀をはじめ穀物の出来や
風水害の災いなど18種を
竹筒に納められた
吉凶みくじを引き、
その年の良し悪しを占う。
下左は、
身を清めるお祓いに使われる
大麻(おおぬさ)。

春

式部稲荷初午祭

しきぶいなりはつうまさい

3月

五穀豊饒、家内安全、
商売繁盛を願い
式部稲荷初午祭には、
氏子の総代さんや信者さんが
参詣する。
式部稲荷の狛犬はキツネ(下左)。
宝満山羅漢めぐり登山道にある
式部稲荷奥の院への鳥居(下右)。

お籠祭

おこもりさい

4月・内山区

内山のおこもり祭の直会は
桜の花びらが降り積もる
竈門神社境内の桜花の下。

えんむすび大祭

4月中旬の日曜日

十六詣りにちなみ
4月16日に近い日曜日に行われる。
若い女性の姿が目立つのも、
この大祭ならでは。
上の写真は
えんむすびの神様・竈門神社での結婚式。
満開の桜がお二人の門出を祝福する。

鬼門と御祈願

採灯大護摩供での祈り。

宝満山入峰

ほうまんざんにゅうぶ

5月の第2日曜日

宝満山修験会の入峰修行。
まずは竈門神社本殿に出立勤行の参拝をして
宝満山入峰が始まる（上）。
一の鳥居にて入山問答（下）。
旅の山伏は先達との問答をクリアして
初めて宝満山への入山が許される。
険しい正面登拝道の石段をひたすら登る（左）。

一の鳥居で執り行われる
法弓の儀。
このほかにも
法剣、斧、法螺(ほら)の儀など
入山作法を経て
正面登拝道から
女道を経て座主跡へ(右)。
仏頂山(元宝満)にある
心蓮上人祠で供養(下)。

峰入りは
宝満山山頂の
竈門神社上宮に勤行して
満行となる(左)。
大先達が
宝満山と結縁した証(あかし)に
入山潅頂(かんじょう)を
授ける(下)。

様々な願い事を記した
護摩木が
護摩檀にて焚かれる。

採灯大護摩供《さいとうだいごまく》

5月の最終日曜日

筑前琵琶奏者中村旭園さんによる本殿での
琵琶歌「竈門山」の奏上（上）。

最後に、本殿前で行われる火渡り。
山伏に続き一般参拝者も
家内安全、諸災消滅、縁結びなど
諸願成就を祈って火渡りに挑戦する。
幼子は山伏が抱き上げて（右）。

採灯師による作法が
読経、錫杖（しゃくじょう）、
太鼓、法螺が響く中
厳かに執り行われる。

夏祭り

なつまつり

7月中旬

無病息災を願い茅の輪をくぐる。
茅の輪くぐりの正式作法は
最初左回り、次に右回り、
左回りの計3回。

夏

およど

夏祭りの日の夜

夕暮れを迎えると
本殿前には提灯と竹灯がともされ
竹筒ロウソクの柔らかい千灯明の光が
本殿へと導く。
およどの最後を締めくくるのは
境内での花火大会。
子供たちのすいか割りも行われる。

七夕祭《たなばたさい》

8月7日

数々の願いが込められた
色とりどりの七夕飾りの短冊が
本殿前を彩る。
夜には
太宰府天満宮巫女による神楽と
竈門神社神職による祭祀舞が
奉納される。

秋

八朔祭

はっさくさい

9月初旬・内山区

八朔とは
稲の穂の出る頃
また台風シーズンを前に
田の神に感謝し
五穀豊穣を祈る行事。
氏子のみなさんが常緑樹の葉を
順番に捧げて祈念する。
内山区の子供たちは
わんぱく相撲を奉納。

お注連なえ

おしめなえ

10月・内山区

収穫後の藁で
新しい注連を編み上げ
竈門神社に奉納
新しい注連に取り替える。

杖道
じょうどう

毎月１回

杖道の開祖・
夢想権之助神社の前で奉納演武。
毎月１回、境内で
神道夢想流杖道振興会の
みなさんによる
稽古会が行われる。

例祭《れいさい》

11月15日

菊花の香りの中
執り行われた秋の例祭。
この日は
「七五三」のお祝いの日に当たり
11月中は随時
「七五三祈願祭」が行われる。

新嘗祭《にいなめさい》

11月23日

「勤労感謝の日」に行われ
秋の実り、五穀豊饒に感謝する。

祈りの山へ

右：宝満山山頂の磐座(いわくら)を、はるか頭上高く見上げる(筑紫野市本道寺から)。
左：太宰府天満宮北神苑を通りトンネルをくぐり抜け、竈門神社から宝満山へと進むのが正面登拝道の順路。この日は雪晴れ。

春はもえ　秋はこがるる竈門山
　霞も霧もけぶりとぞ見る

『拾遺和歌集』に収められているこの歌は、春の萌え出る若葉、秋の山を焦がすような紅葉、霞や霧の多い気象まで、この山の自然を存分に歌い上げた宝満山を代表する歌である。

平安の昔から、竈門山（宝満山）は筑紫の歌枕として都にもその名が知られ、眺めるばかりでなく、歌会の折や単にすばらしい景色を楽しむため登山する人もあったようだ。

山に分け入れば、五井七窟と呼ばれる美しい泉や巨岩の重なりが造る窟があり、山頂部は巨大な岩の断崖が取り巻き、自然の造形の凄さに神を感ずる。こうした場所は修行や祭祀の場所であり、千三百年以上も前から、連綿と神仏への祈りが捧げられてきた。

現在は、この山への信仰的登山はめっきり少なくなったと感じられる。体力づくり、ストレス解消、友達づくり、史跡巡り、自然観察、そして本格的登山への訓練等々、人それぞれの目的をもって登っている。

しかしこうしたことが達成できるのも、神の恵みを頂いているということの証《あかし》。四季折々、登るたびに、この山のすばらしい風光に触れれば、自然と元気になれるのも、万人の実感するところであろう。

山頂に至るには、古くからの正面登拝道のほか、いくつものルートがあり、それぞれの趣を楽しみながら登ることができる。「九州一登山者が多い山」と言われながら、ゴミが少ないことも、登る気持ちを爽快にしてくれる。

一度目には「よう来た」、二度目には「また来たか」、三度目には「馬鹿が」と宝満の神様がおっしゃるというほど、きつく険しい山でありながら、千回、二千回、三千回とリピーターが多いのは何故だろう。

「神の山」「祈りの山」は、意識するとしないにかかわらず、いまだ健在なのである。

九州自然歩道
至・三郡山
難所ヶ滝
うさぎ道
八葉の峰
サイカチの木
仏頂山
釜蓋窟
羅漢めぐり
伝教大師窟
遠見岩
薬師堂跡
法城窟
普池窟
キャンプ
センター
上宮
金の水
竈門岩
男道
愛敬の岩
自然石梵字
百日絶食記念碑
馬蹄石
袖すり岩
東院谷跡
剣窟
百段ガンギ
福城窟
女道
中宮跡
益影の井
西院谷跡
閼伽の井
（七合目）
金剛兵衛剣窟
提谷新道
かもしか新道
大南窟
シラハゲ尾根道
行者道
猫谷川新道
鳥越峠
大行事原
大谷尾根道
大山祇神社
大　石
本　道　寺
高木神社
本道寺バス停
宝満登山口バス停
大石バス停

宝満山ルートマップ

北　谷
地蔵堂
北谷宝満宮
南　谷
有智山城跡
正面登拝道
本谷遺跡
内　山
（一合目）
内山バス停
竈門神社
愛嶽道
愛嶽山
愛嶽神社
一の鳥居（二合目）
休堂跡（三合目）
殺生禁断碑（五合目）

正面登拝道の２合目に当たる一の鳥居。
４月には山桜がお出迎え。

正面登拝道

正面登拝道は、上宮へお詣りするための古くからのメインルート。これまでにいったい幾人の人がこの険しい石段続きの道を登ったことだろう。

竈門神社（下宮）でまず参拝。左手の坂を下ると大きな鳥居が迎えてくれる。鳥居の左側にはこの山を代表する「春はもえ秋はこがるる……」の歌碑。鳥居をくぐると右手に潮井川。昔は、ここで身を清めてから神の山に入らせていただいたのだ。

二合目の一の鳥居からは本格的な登山道。三合目の休堂跡では北谷から登る道が合流。沢の水に喉を潤し、ここからは、一番きつい登りになる。途中には登山者が置いた〝救急箱〟も。まだまだ石の坂は続くというものの、五合目あたりからは、眺望も楽しめ、道の傍らにはガクウツギやシャガ、石段の上には落椿など、様々な花が心を慰めてくれる。

一の鳥居にはたくさんの石楠花（しゃくなげ）が植樹されていて、４月は次々と咲く花で癒される（上）。シャガの花も５月初めまで楽しめる。３合目休堂跡付近（下）。

西院谷坊跡の入口、石垣を左に見ながら百段ガンギを登りきると、昔、仏に供える水を汲んだ閼伽《あか》の井。今の私たちは喉を潤しホッと一息。

中宮跡へはもう一登り。

吉田屋敷跡の6合目にある藪椿(やぶつばき)の古木。
藪椿の花は早春から初夏まで、山中各所でよく見かける。

５合目殺生禁断碑（左上）。
このすぐ下に博多湾から有明海まで見通せる
展望ポイントがある。

百段ガンギはちょうど百段の階段が整然と続く。
ここを登り切れば７合目も近い（左下）。

百段ガンギのすぐ上は西院谷の坊跡。
ここには宝満五井のひとつ、閼伽（あか）の井と
石仏がある（右）。

竈門山碑が立つ中宮跡は広場となっており
倒れた鳥居の一部が登山道に埋もれている。
鐘楼や講堂もあった
かつての中宮の痕跡を探すのは難しい（上）。
広場の奥にはひっそりと石の祠が祀られている（右）。

5月の中宮跡に咲くズミ（下）。

中宮跡からすぐ、男道と女道分岐点そばの大岩に刻まれた梵字。
金剛界・胎蔵界の大日如来を表す五転具足の梵字。文保 2（1318）年の銘がある。

男道

中宮跡一帯は修験道華やかなりし頃の中心道場。明治初期の廃仏毀釈で破壊され、かつて建ち並んでいた講堂や神楽堂などの建物はその跡さえとどめないが、役行者堂《えんのぎょうじゃどう》跡の石垣や、行者堂背後の巨岩に彫られた金胎両部《こんたいりょうぶ》の大日如来の梵字は、鎌倉時代のままに健在。その向かい側の岩壁の梵字は削り取られているが、年号はかすかに読み取ることができる。

岩壁の前の道は善哉坂《ぜんざいざか》。ここから「良工の削りなせるがごとし」と、貝原益軒が『続風土記』に記した岩々の妙を楽しみながら登る男道に入る。

八合目の標識の所に小さな石段がある。現在は右に迂回する道を通る人が多いが、石段の上は〝杖捨《つえすて》〟と言い、杖を捨て鎖を使ってよじ登らなければならない。左手の岩に本社三神の梵字が彫られていて、これ以上登ることができない人はここで拝んで下山した。

竈門山命名の由来説もある
竈門岩（上右）。
仙竈岩など３岩から成る。
旧男道にあり
現在の男道からは見られない。

宝満五井のひとつで
山中第一の秘水とされる
益影の井（上左）。

鎖を登りきると、〝仙竈〟と大書された二メートルほどの岩と、亀の首のような石が頂部に突き出した亀岩が目に飛び込む。仙竈岩は竈門岩の一石。江戸時代に復興した時に仙厓《せんがい》和尚が揮毫した。直下には山中一の秘水〝益影《ますかげ》の井《い》〟もある、山の歴史上大切な場所。

袖すり岩を通りすぎ登ると右に〝馬《ば》蹄岩《ていいわ》〟。ご祭神玉依姫《たまよりひめ》は九頭の龍馬にまたがって、ここに現れたという。そのすぐ上に上宮の社が見える。

上宮は、〝稚児落とし〟や〝舞台石〟などと呼ばれる巨岩で覆われた山頂に鎮座。三六〇度の眺望はすばらしく、登ってきたきつさも吹っ飛ぶ爽快さだ。

男道は
険しい大岩の道を
一気に高度をかせいでいくが、
５月はミツバツツジ
11月にはカエデの紅葉と
見える景色は美しい。

袖すり岩を過ぎれば
宝満山山頂もすぐ。

宝満山山頂の雪景色。
暖冬と言われる昨今だが、平成23年は元旦から雪が続き
宝満山は深い雪に閉ざされた（撮影：山﨑久己氏）。

朝日を浴びる礼拝岩（撮影：山﨑久己氏）。

眼下にキャンプセンターを見下ろして、ハイ、ポーズ。

阿志岐小学校の登山遠足、宝満山登頂に成功。

日の出前、東の古処山など甘木三山が微かに色づき始める。

夏のご来光
日の出は北東から。

冬の朝、九重連山をシルエットに朝焼け（撮影：山﨑久己氏）。

秋の雲海が筑紫平野をスッポリと包み込む。

山頂から眺める夏の夕景
太陽は
博多湾の向こうに沈んでいった。

仏頂山から若杉山へと連なる山並み。ここの縦走路も人気の登山ルート。

宝満山は１年を通して多くの
登山者でにぎやか。
何千回登山のベテランから
初心者まで
山を愛する老若男女
すべてが集う山。
山ガールたちも元気いっぱい。

左は
太宰府小学校５・６年生の
鍛練遠足登山。
福岡近郊の小学校の
遠足登山も多い。

女道

中宮跡から三つに分かれる道のうち右側の比較的なだらかな道を、今は「女道」と言っている。江戸期、一六の山伏の坊があった東院谷を抜けて座《ざ》主《す》跡のキャンプセンターに至る。

木漏れ日がやさしい起伏のある山道には、石楠花《しゃくなげ》やミツバツツジが咲き、右手眼下には、本道寺や柚須原の田畠を見下ろす。左手山際には山中七窟の第一とされた法城窟、求聞持堂《ぐもんじどう》があったと伝える福城窟など、苔むした巨岩の裾に暗闇へ続く孔が口を開く。

伝教大師がこの山の桜木で彫った〝試の薬師〟を安置したと伝え、大巡行など厳しい修行の中心道場だった薬師堂は、わずかにその跡を遺すばかり。その向かいには恋占いの愛敬《あいけい》の岩、少し登れば座主跡の石垣の傍らに、神功皇后が「凱旋の後再会しよう」と語りかけたというサイカチの木が、やわらかな葉を風にそよがせている。山ガールが行き交う山頂近くである。

苔むした岩面に
金剛界大日如来の磨崖梵字が残る福城窟(上・下)。

女道の奥一帯は東院谷と呼ばれ
多くの坊があった。
登山道脇にも
たくさんの坊跡の石垣が残る(右)。

法城窟は宝満山山頂の直下150メートルにある
東南向きの石窟で
窟内には湧水源があり
玉依姫の御陵と言われている。

女道の薬師堂跡脇にある恋占いの岩・愛敬(あいけい)の岩。
目をつぶり前進して岩に触れることができれば恋が成就すると言われる。

キャンプセンターすぐ下には大きなサイカチの木（通称「再会の木」）。

5月の女道にもミツバツツジが咲く。
眼下には筑紫野市本道寺や柚須原の棚田や集落が。

テント泊の人たちでにぎわうキャンプセンター広場（撮影：西鉄山友会）。

座主跡を支えていた石垣。
今はキャンプセンターのテント泊の広場として利用されている。

女道からのルートはキャンプセンターを経由し
鎖を伝って宝満山山頂へ。

ヤブデマリ（５月）

キランソウ（５月）

サワフタギ（５月）

スミレサイシン（５月）

宝満山の自然に包まれて

西鉄山友会　伊藤博紀

宝満に風の温もりとともに春がやってきました。風の薫りとともに初夏がきて、涼しげなそよ風とともに秋となり、やがて風のざわめきとともに冬の訪れを知り、梢を渡る風とともに厳しい冬になります。四季の移ろいのなかで気がついてみると、宝満にかかわって四十七年が過ぎていました。その間に宝満の環境保全に何をなしえたのだろうと、このごろはよく思います。

西鉄山友会は、昭和三十八年から本格的に宝満山の環境保全に取り組んできました。三十八年から四十年にかけて上宮の踊り場の下に避難小屋を、座主跡近くに水場を、羅漢めぐり登山道の整備と北谷に投棄されていた石仏を担ぎ上げて五百羅漢に並べ、金の水から普池の窟を経て縦走路への登山道整備等々をしてまいりました。

山桜とログハウス

年々、登山者が多くなりゴミの処理に頭を痛めるようになってきました。そこで、昭和四十三年に山小屋を建設し、ここを基地にしてゴミ処理をはじめ環境保全に努めるようにしました。しかしゴミ処理に追われる日々が続き、限界を感じ、屑籠を撤去してゴミの持ち帰り運動を展開しました。この運動が定着するのに十年の歳月を要しました。今ではゴミのない美しい山になっていると自負しています。

キジムシロ（５月）

ムベ（５月）

ヤマグミ（５月）

ムラサキケマン（５月）

（　）内は撮影月。撮影：西鉄山友会

ミツマタ（3月）

ガクウツギ（5月）

アケビ（5月）

キイチゴ（5月）

　プレハブ小屋の老朽化に伴い平成元年にログハウスに建て替えました。同四年にはログでトイレを建てました。二十年にはこのトイレを利用してバイオトイレを西日本鉄道様の手で建設していただき、登山者に大変喜んでいただいています。ただ管理する側から申し上げますと、とにかく大変です。山でのバイオトイレの最大の欠点は電力が足りないことです。雨が降ったり、曇っていたり、雪が積るとソーラー発電ができなくなり電力不足になります。特に梅雨の時期と冬期です。そのつど発電機を回さなければなりません。そのためにガソリンの荷揚げに忙殺されます。

宮原明氏の言葉

　以上のような活動が宝満における西鉄山友会の歴史であり、日常の活動です。ゴミ拾いも、登山道の整備も、山小屋及びトイレの管理もすべて宝満の環境保全だと捉えています。

　それは、故宮原明氏の「山は登るのではなく、奉仕の念を持って登らせて貰うんだ」を心の糧として継続して実践してきたためだと今では思えるようになりました。宮原氏の生きざまに玉依姫様の託宣があり、心蓮上人の導きとなり現れたのだと思えるのです。

　宝満の季節の移ろいとともに、光、空、雲、風の表情に森羅万象を感じ、春の山桜に命の息吹を感じ、初夏の青葉に癒され、晩秋の紅葉に命の旅立ちを感じ、冬枯れの木立に命の尊さを感じます。そういう自然を愛おしく思う心を大事にしながら、微々たる力ではありますが、歴史の重みを感じながら、これからも宝満の環境保全に取り組んでまいりたいと思っております。

トキワハゼ（5月）

ハイノキ（5月）

ホウチャクソウ（5月）

ミヤコワスレ（5月）

羅漢めぐり

中宮跡から左へ、山腹を巻いて山頂〝稚児落とし〟の下に出る羅漢めぐりコースは、寛政十二（一八〇〇）年の役行者一千百年忌を記念して樵路《きこりみち》を切り開いて造られ、仲谷坊隠居が勧進して、五百羅漢・千体地蔵が安置された。

しかし、明治の廃仏毀釈の嵐に、これら石仏は首をとられ、谷底に突き落とされた。その後、多くの人々によって助け出された羅漢たちは、幽邃《ゆうすい》な小径の其処此処で私たちを迎えてくれる。

刀鍛冶《かたなかじ》金剛兵衛が修行したという窟、伝教大師が修行したという伝教大師窟（宝塔窟）、天の岩戸岩・天狗岩・遠望の岩など、辿る道筋に次々に姿を現す様々な巨岩の姿もこのコースの魅力である。

羅漢道を巡ると
随所で
羅漢さまに出合うが
首を落とされ
顔は削がれ
2つに折られた体と
その姿は痛々しい。

遠望の岩近くの鼻のとがった天狗岩。
遠望の岩に登れば福岡市方面がよく見える。

金剛兵衛剣窟(左)は
刀匠金剛兵衛が修行した
と伝えられる所で
今は
たくさんの地蔵に
囲まれている。

伝教大師窟(下)は
宝満七窟のひとつ
宝塔窟ではないかと
考えられている。
花崗岩の隙間にできた
窟入口には
地蔵が安置されている。

ユキノシタ（6月）

キンシバイ（6月）

オオバギボウシ（7月）

オカトラノオ（7月）

宝満山登山のすすめ

九州旅客鉄道株式会社代表取締役会長　石原進

私が宝満山に初めて登ったのは概ね二十年前のＪＲ九州山岳会の新年登山会であった。

学生時代には山仲間とアルプスや上信越の山に随分登ったが、社会に出てからは仕事の忙しさもあり、あまり山へは行かなかった。しかし、会社の山岳会の副会長になったことから宝満山登山会に参加してみた。暫くぶりの山歩きであるため、歩き始めは時間が大変長く感じられた。四十分ほどかけてようやく三合目の水場に着いた時は、五分程度の休憩が本当に嬉しかったことを覚えている。その時は山頂まで約二時間もかかった。宝満山の第一印象は思ったより急峻で登りごたえのある山ということであった。正直に言って度々来たいとは思わなかった。

五十歳を過ぎた頃、生活習慣病の兆候が現れてきた。コレステロールと中性脂肪が多く、医者から食事の注意と運動をするように指導された。それをきっかけに休日の天気の良い日に山登りを始めた。当初は家から比較的近い油山（五九七メートル）に登っていたが、慣れてくると物足りなくなり、ふくやの川原さんが毎週のように登っている宝満山に場所を変えた。以来年に四〇～五〇回登っており、平成二十二年四月に五百回になった。当日は、

（　）内は撮影月。撮影：西鉄山友会

ヘクソカズラ（8月）

ゲンノショウコ（8月）

ホトトギス（8月）

ツユクサ（8月）

オニタビラコ（6月）

テイカカズラ（6月）

ヤマツツジ（6月）

キリンソウ（6月）

会社の新入社員や山岳会のメンバーや家族など二百人が参加したにぎやかな登山大会になった。

宝満山の魅力は次の六点だと思っている。

一、竈門神社の一合目から山頂まで六五〇メートルの高度差があり、十分な登りごたえがある

二、山頂からは福岡市や雲仙、多良、英彦山等の山々を一望する三百六十度の眺望がある

三、修験道の山だけに歴史遺産が豊富で、山頂の神社のお参りは心がやすまる

四、四季の変化に富み植物が豊富

サクラ、シャクナゲ、ミツバツツジ、シャガ、ホトトギス、ツバキ、オニユリ、ユウスゲなどの花に加え、山頂付近のブナ林や秋の紅葉

五、冬の雪景色と凍った難所ヶ滝の美しさ

六、そして何よりも有難いのは、福岡から近いため午前中に家に帰ってこられることである

平成二十二年は休日が用事でふさがることが多く、十一月末で五百十二回と例年の半分くらいしか登っていない。気力は若いつもりだが、やはり体力が衰えたのか、最近は登山時間も十分ほど延び、一時間二十分くらいかかる。もともと運動神経が鈍いため、この十三年間で骨折を二回、捻挫を二十二回した。宝満山は油断してはいけない急峻な山である。

これからも年相応に下りは注意して無理をせず登山を続けたい。

マンネングサ（8月）

ミズヒキ（8月）

アキノタムラソウ（8月）

キツネノカミソリ（8月）

愛嶽道

竈門神社境内右手奥から急坂を登る。やがて沢の畔に花を手向けた大日如来の石仏。山頂の愛嶽《おたけ》神社へ続く杉林の中にも、点々と人の手が加えられた石が転がり、いにしえ人の気配を感じさせる。

愛嶽神社の祭神は、昔は〝伊豆奈《いづな》権現〟。明治以後　〝軻偶土神《かぐつちのかみ》〟とされている。火伏《ひぶせ》の神だが、この山では牛馬安全の神として信仰された。標高四三二メートルのこの山の神は、宝満山の神に「一日でいいから住居を換えてほしい」と頼んだが聞き入れてくれない。そこで「自分は宝満山と同じ高さの所に住みたい。それには参詣の者が一握りずつでも土をあげてくれたら、何時の日にか……」と神託を下した。牛馬が病気の時には土一駄《いちだ》を献じると治るといわれ、祭礼日には麓の村々から多くの人が牛馬を引いて参拝した。

愛嶽山山頂の急な石段の上に愛嶽神社は鎮座する。石造りの社の中には馬に乗った愛宕勝軍地蔵が祀られている。
現在の愛嶽神社は火の神・軻偶土神が祀られ、火伏せの神・商売繁盛の神として信仰されている。左に飯縄(いづな)権現、右に役行者(えんのぎょうじゃ)を従えて。

愛嶽神社の赤い鳥居が並ぶ参道。鳥居の先へと下れば、鳥越峠に至る。

竈門神社からの愛嶽道は
沢沿いのルートを経て
美杉の林間の道となる。

かもしか新道

鳥越峠から、行者道の通る尾根を北東方向に巻いて、大谷《おおたに》尾根道《おねみち》に合流する道。昭和三十一年に福岡かもしか登高会によってつくられた。道に入ってしばらくは、左は尾根、右は谷の杉林の中を行くなだらかな登りだが、大きな岩を越えるあたりから、足場の悪い石だらけの急坂になる。

三、四十分歩き、標高五三五メートルラインの所を右下に降りると大南窟《だいなんくつ》がある。切り立った大きな岩が聳《そび》え、狭い空間を威圧している。岩の前には祭壇だったらしい平たい石が置かれ、巨岩からは八世紀以来の祭祀遺物が採取されている。巨岩を右下にまわると窟が口を開けていて、中に石の祠《ほこら》もある。五月の宝満山修験会の入峰では、はじめて修行に加わった人に、ここで入山灌頂《かんじょう》が授けられる。

時折、コウモリにもお目にかかれる神秘なスポットだ。

宝満七窟のひとつ
大南窟の外観(左)。
正面は切り立った岩盤で
その前に自然石の祭壇がある。
古代から現代に至るまで
祭祀あるいは修行の場で
多くの祭祀遺物も出土。
窟内の広さは
10平方メートルほどで
石祠が祀られている(下左)。
平成21年5月の
宝満山入峰では
宝満山修験会による
入山灌頂が窟内で行われた
(下右。撮影：中馬泰裕氏)。

行者道

原生林の中の急峻なジグザグ道を一気に登坂する行者道。過酷な条件のもとでたくましく成長する自然の美しさに触れられる。写真は、岩石の隙間を割り根を張るモミジ（右）と、木漏れ日に輝く若葉（上）。
山のあいさつ「こんにちは」（左）。

愛嶽山と宝満山の間の鞍部、太宰府と大石（筑紫野市）を結ぶ鳥越峠から、宝満山の南にのびた稜線、太宰府市と筑紫野市の境の尾根上をひたすら登る。

杉木立の中に、藪椿やヒサカキ、シロダモなどの低木が繁る急坂が続き、ことに落ち葉の散り積もる季節は登りづらく、下りは滑りやすい。平野からも見える電波反射板の所まで来ると、眺望が開け南西に大根地《おおねち》山、南に愛嶽山、西に四王寺山が望める。ここから中宮跡まではあと一息。もうひと頑張りして、なだらかな道に出る。

猫谷川新道

本道寺から渓谷沿いに登る道。元御《み》笠《かさ》郵便局長の平嶋豊樹さんが、「宝満山で健康を頂いたお礼に」と整備された。

イロハモミジやマタタビ等、やわらかな樹木に包まれ、シャガや石菖《せきしょう》など水辺の植物、扇の滝・夫婦の滝・花乱の滝・養老の滝・黎明の滝・爆音の滝など次々に現れる渓谷の美、ハシゴや鎖を伝う岩登りなど、ちょっとしたスリルも味わえる。マイナスイオンいっぱいの道だ。

猫谷の名は、標高四五〇メートルほどの所にある、猫の顔をした大きな岩〝猫石〟によるらしい。

登れば、釣船の岩・剣窟に至る。

登山道を
うっそうとした
モミジやカエデが包み込む。

根元が完全に一体化した
夫婦杉を山中で発見！（下左）。
庭石荘の道しるべ
ケルン（下右）。

夫婦滝

花乱の滝

養老の滝

黎明の滝

シラハゲ尾根道

昔、土砂崩れで尾根が白くはげたため、「シラハゲ尾根」と言うのだという。本道寺から一時間余はよく踏まれた暗い山道を登り、見通しの良い明るい尾根道に出、〝今宝満〟を通って〝百日絶食記念碑〟で、提谷《ひさげだに》新道と合流する。

さらに登ると、山伏たちが蹴鞠《けまり》を楽しんだ〝鞠の場〟の跡があり、剣窟を経て、金の水へと険しい山道が続く。

金の水に喉を潤してまっすぐ登れば普《ふ》池《ち》の窟を経て、宝満頂上と仏頂山との間の尾根道に出、左に行けば、山伏の入峰修行の中心道場だった獅子の宿跡を経てキャンプセンターの水場に至る。

5月中旬
落下したエゴノキの花が登山道を埋め尽くす。
踏みつけるのも可哀相で、脇をそっと通過。

提谷新道との合流地点にある
百日絶食記念碑。
苔むした碑を見て
かつて厳しい修行に励んだ
行者に思いを巡らす。
そばを流れる渓流の微かな音が
はるかな時間を超えての
修行の声に聞こえる。

藪椿（下）
アケビの花（下左）
ガクウツギ（下右）

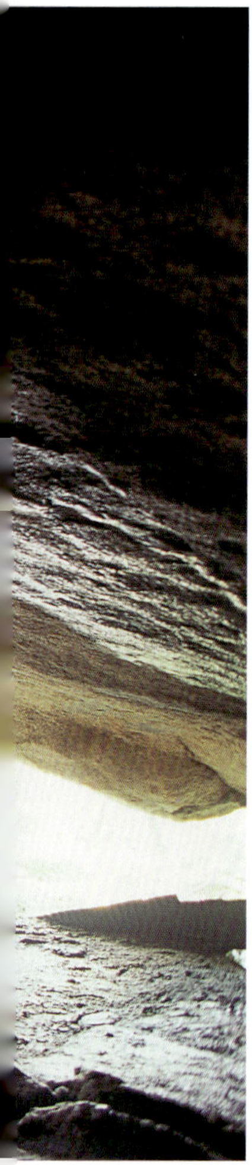

金の水では、窟内の岩盤の隙間からこんこんとと水が湧き出す。
年に１度だけ天井の穴から光が射し込み、水が金色に輝く。

杖道神道夢想流の祖
夢想権之助が修行したと伝えられる
宝満七窟のひとつ、普池の窟。
窟内は広く
多くの石仏が祀られている。

提谷新道

一般に「堤谷《つつみだに》新道」と言われているが、古くより「提谷《ひさげだに》」と言われた谷である。「滝巡りコース」とも言われるように、宝満川上流の渓谷を一の滝、二の滝、三の滝、初音《はつね》の滝、前の滝（男滝）、奥の滝（女滝）、鼓《つづみ》の滝、金剛の滝、水垢離《みずごり》の滝、般若の滝、行者の滝、絶食の滝、清めの滝など、次々に現れる様々な形の滝を楽しみながら登る。

太宰府市からの登山道は水が乏しいが、渓谷美を見せるこの道は猫谷川新道とともに、最近人気のコースだ。

〝百日絶食記念碑〟でシラハゲ尾根道と合流するが、さらに渓谷を登れば剣《つるぎ》の滝、獅子の滝を経て金の水に至る。

本当に金色に光る日が年に一度だけある金の水だが、ハシゴをよじ登ったり、きつい山道を来て飲む一杯の水は、その味も〝金の水〟だ。

岩を抱き込むように成長するモミジ(上)。
滝は左から
行者の滝、三の滝、般若の滝、水垢離の滝。

うさぎ道（独標尾根道）

宝満頂上と仏頂山の間の尾根道から太宰府側に一五〇メートルほどブナの原生林の中を下り、左に少し入ると大岩に蓋をかぶせたような形の〝釜蓋《かまぶた》窟《くつ》〟がある。そこから左に西側山腹を大きく巻いた道が独標《どっぴょう》尾根道で、近年登山者たちは「うさぎ道」と呼んでいる。

距離は長いが、比較的なだらかなこの道は、昔、村人の生活の中でよく使われた道と考えられ、中高年の登山者が増えた近年では、下りに、膝にやさしいこのコースをとる人が多い。白鷺《しらさぎ》岩、お握り岩、日本一の桃太郎岩など、ポイント、ポイントの特色ある岩に楽しい名前もつけられ、風景を味わいながら一休みしたり、ゆっくりした登山が楽しめる道である。

秋の登山を楽しませてくれる、美しく可憐なツルリンドウの実（撮影：山﨑久己氏）。

距離はあるが楽なコースのうさぎ道
（上・下。撮影：山﨑久己氏）。

大行事原に向かう登山道の正面に雪の宝満山が見え隠れ。

大谷尾根道

かつて東院谷にあった坊中と麓の大石村を結んだ道。山伏の生活を支える物資は、多くこの道を通って運び上げられた。宝満山に登る数あるルートのうち、最も歩きやすい道である。江戸時代、貝原益軒も「大石より竈門山に登る路を樋坂と云。この坂は有智山より登るに比ぶれば登りやすし」と書いている。

大石の集落の上にある桔梗ヶ原は、元々「大行事原」と言われる野原で文禄元（一五九二）年まで松尾大行事が祀られていた。そこを抜け登山道（大谷尾根道）に入る所に〝南の潮井場〟、その上標高五五〇メートル付近に、一二～一三世紀の坊跡らしい区画が広がっている。南の伽藍跡であろうか。さらに登って近世の坊跡に達し、女道愛敬の岩に出る。

すべて、杉・檜の林の中。大きく成長した樹々が、古くから開かれたこの道の歴史を物語る。

大石の氏神さま高木神社。野火に焼かれた松尾大行事の御神体を村人が運んで氏神とした。

河原谷登山道の冬の一番人気が難所ケ滝。
これほど見事に結氷する滝は福岡近郊では珍しい
（撮影：山﨑久己氏、平成23年１月）。

難所ヶ滝

仏頂山から三郡山への尾根道を下った所に、厳冬の時期だけ姿を現す不思議な滝がある。難所ヶ滝だ。最近では、この滝が姿を現すと決まってテレビで放映され、季節の風物詩ともなっている。

この滝へは、宝満山と仏頂山の間の尾根道から釜蓋窟へ降りる道を分岐しても行けるが、宇美町の一本松池昭和の森駐車場から、宇美川上流の仲山川が流れる河原谷《ごうらだに》を登るのがより安全で、大半の人がこの道をとる。

山頂からの雪解け水が凍り、ツララの重なりが、大きな氷の滝を造る。まさに氷の芸術品。かつて高さ四五メートル、幅三〇メートルにもなったこともあったという。

さて、今年の冬は……。

凍った足場に細心の注意を払い、
難所ケ滝を目指す。

三郡山へ

仏頂山から若杉山への尾根道、所謂「三郡縦走」のコースは、距離も長くアップダウンのあるきつい道ではあるが、変化に富んだ爽快な山歩きが楽しめる人気コースである。

春は、芽吹くブナの原生林が頬を青く染め、初夏の頃には、可憐なミツバツツジが薄紅紫に山道を彩り、白いガクウツギが風に揺れる。秋の黄葉は言うに及ばず、一面白銀に覆われた厳冬の日さえ、この道は心楽しい。

仏頂山の東北〝八葉《はちよう》の峰〟は、五間四方ばかりの所が、蓮華の八枚の花びらのようで、ここに胎蔵界曼荼羅《たいぞうかいまんだら》の中心の蓮華八葉に坐す九仏を安置したことから名付けられたという。ここからの三六〇度の眺望は息を呑むほど。

さらに進み〝頭巾山《とっきんさん》〟の標識を左手に入ると、山中としてはかなり広い平坦地とその先に堀切がある。宝満城塞群の重要城郭〝頭巾山城〟の跡である。

この辺りにはまた北の伽藍があったと伝え、山伏の修法場〝化生《けしょう》（化粧）童子〟もあり、峰入りはここから右へ谷を越え、彦山に向かった。

雪晴れで
三郡山縦走路が光り輝く。
ラッセルされた道が
物語るように
冬山登山も盛ん
（撮影：山﨑久己氏）。

ブナの自然林の尾根道は
気分も爽快（左上）。
５月の縦走路では
ミツバツツジが
新緑の緑とともに
出迎える（左下）。

ミゾソバ（9月）

オトコエシ（9月）

ゴンズイ（9月）

茶（9月）

すばらしき宝満山

株式会社ふくや取締役相談役　川原健

思い起こせば、初めて宝満山に登ったのは冷泉小学校の五年生の時。すでに半世紀以上の昔で、まことに光陰矢の如し。登山者も少なく、鬱蒼とした樹々におおわれ、雨が降っても傘をさす必要もないほどでした。

昨今、山ガールと言われる女性登山者が増えておりますが、大勢の女性の中に、一人二人男性が混じっているような光景は、以前は見かけられませんでした。まさに、女性の地位向上の感がします。

千回登頂を目指そうとしたきっかけは、ラグビーの試合で何度も肩を脱臼、そのつど天神の病院に担ぎ込まれていたからです。

チームのメンバーにも迷惑をかけると思い、ラグビーを断念。これに代わるスポーツを探していたところ、福岡高校時代、悪友たちと登った宝満山に行き着いた次第です。以来、数を重ね千回、二千回と大台を達成。西高辻宮司や神職の方々には、二回とも同行いただき、山頂で祝詞をあげてもらい、登山証をいただきました。

今まで数多くの方々に協力していただいたり助けていただいたりして今日に至っております。一度として宝満山についてきたことのない妻・裕子には、二千回以上も洗濯をしてもらったことになります。ボランティアで毎朝早くから登山道の整備をなさっている内山

（　）内は撮影月。撮影：西鉄山友会

マユミの実（10月）

秋イチゴ（10月）

マムシグサの実（11月）

ウリハダカエデ（11月）

ヤブカンゾウ（8月）

山ブドウの実（8月）

ミヤマシキミ（9月）

ムベの実（9月）

の蕎麦「山公」のご主人・山田公明さんには、十年以上にわたり、私のために風呂を沸かしてもらい、下山後、湯に浸り、すっきりして着替えて帰路につく幸福を味わわせていただき、お礼の申しようもありません。大庭さんにはなくなったおばあちゃんの時代から自宅の庭に車を停めさせてもらいましたし、某女性週刊誌に我が社の中傷記事が掲載された際、応援をしていただいた山﨑久己さんにも感謝の念でいっぱいです。

一年三百六十五日、朝昼夕いつ登ってもすばらしいこの宝満山を後世の子孫に渡すためにも、是非お願いしたいことがあります。一つは喫煙禁止、焚き火禁止条例です。一瞬にして灰燼《かいじん》に帰すことのないよう手を打つべき。あと一つは、西鉄さんのご協力でキャンプ場にバイオトイレが設置されましたが、今のように増えた登山者に対応するのはとても無理です。山麓の住民の方々の生活環境を悪化させないためにも、是非携帯トイレの持参をお願いしたいものです。

昔は、往復一時間四十五分でしたが、体力の衰えもあり、最近では二時間半かかるようになり、暇ができても、さぼりがちな今日このごろです。

2000回登山証を西高辻宮司より
いただく（撮影：山﨑久己氏）

ツリフネソウ（9月）

ギボウシ（9月）

アワコガネギク（10月）

ヨメナ（10月）

筑紫野市本道寺から見た宝満山の夕景

大正２年10月、
山頂の巨岩に「肇祉」と
彫られた際の落成式の様子
（提供：御田満生氏）

神の造形

「九州一登られている山」といわれ、多くの人に愛されている宝満山は、福岡県太宰府市と筑紫野市の境に聳えている。標高八二九・六メートル、さほど高い山ではないが、その山容は堂々として他を圧している。

約九三〇〇万年前の白亜紀後期に、地下数キロメートルの深所でマグマがゆっくりと冷え固まって形成された北部九州主部花崗岩類の早良花崗岩が隆起し、浸食をうけて形成された山であり、貝原益軒が「満山岩石多くして、其形勢良工の削なせるが如し。誠に奇絶の境地也」と記すように、巨大な花崗岩が織りなす窟や断崖の景観はすばらしく、あわせて、豊かな緑の中に石楠花やミツバツツジなどの花々が咲き、秋は紅葉に染められる植物相など、仰ぎ見る遠景も、分け入って真近に見る近景も、神がお造りになったものだと感じないではおられない。

この山は古く、「御笠山《みかさやま》」、「竈門山《かまどやま》」とも称された。御笠山→竈門山→宝満山への山名の変遷は、とりもなおさずこの山に捧げられた人々の祈りの多様さを物語る。

御笠山

「御笠山」の名はその神奈備《かんなび》型（笠型）の山の姿から自然に生じたものと考えられる。山の南側、太宰府市高雄や筑紫野市阿志岐《あしき》などからは、富士山を思わせるコニーデ型の姿を望むことができる。

女郎花《おみなえし》秋萩まじる蘆城野《あしきの》は今日を始めて萬代《よろずよ》に見む　（万葉集巻八・一五三〇）

万葉人が萬代までも見ていたいと願った蘆城野。中央を蘆城川とよばれた宝満川がゆった

大正14年10月
中宮跡二の鳥居前で。
二の鳥居は倒壊して今はないが
その背後には竈門山碑が見える
（提供：御田満生氏）

りと流れ、正面には風景の核となる宝満山が笠型の秀麗な姿を見せている。

宝満山の地主神は「大田明神」といい、当山を竈門大神に奉る時「あやしくもわれ濡衣を着つるかな御笠の山を人に取られて」という歌を詠んで〝濡衣の宮〟に移ったという。江戸時代に至るまで山中末社の第一として礼拝された「大田明神」の御名は、「田」を神格化した名称と考えられる。宝満山は南に流れ筑後川に合流する宝満川、北に流れ博多湾にそそぐ御笠川の水源の山であり、その信仰の始まりは田畠を潤す川の水分神、農耕神としてであったと推考できるのである。

竈門山

「竈門山」は、雲霧が立ち登りカマドで煮炊きしているように見える山の姿によるという説、大宰府成立とともに道教の竈神《かまどがみ》が導入されたことによるとする最近の学説などがあるが、古くから言われた「竈門岩」によるという説はことに興味深い。

竈門岩は宝満山の九合目付近「竈門嶽」といわれる所にある、二メートルくらいの高さの三つの岩が鼎立したものをいう。倒れた一石を文化十三（一八一六）年に復興し、仙厓《せんがい》和尚が「仙竈」の字を揮毫している。太古のカマドの形といい、この岩に釜をかけ、直下にある益影《ますかげ》の井の水を汲んで応神天皇の産湯を沸かしたという。この伝説の発生は古く、鎌倉期に著された宝満山最古の縁起『竈門山宝満大菩薩記』に、「神功皇后が凱旋の後応神天皇を出産した時、皇后の姉である宝満大菩薩は仏頭山あるいは御笠山と号する高い山に登って竈門を立てた。その時からこの山を竈門山と号した」ということが書かれている。

竈門岩付近からは、八世紀から十世紀にかけての祭祀土器が採取されている。

益影の井は、山中五所秘水のうちの第一の泉であり、その水量は常に増減なく一定で、顔

大正時代の竈門神社の
本殿と拝殿
（提供：竈門神社）

を映せば「老顔も少壮の如し」といわれ、限りない記憶力を得るという秘法「虚空蔵求聞持《こくうぞうぐもんじ》法《ほう》」を修する際の閼伽水《あかみず》としても使用されたという。神の憑代《よりしろ》である巨岩（磐座《いわくら》）と聖なる水は山岳信仰にとって欠かせない要素なのである。

宝満山

現在私たちが慣れ親しんでいる「宝満山」という山名は、この山の祭神の神仏習合的名号「宝満大菩薩」によるもので、三つの山名の中では最も新しい。

竈門神社の祭神は玉依姫命《たまよりひめのみこと》、相殿《あいどの》に神功皇后・応神天皇を祀っている。この祀り方は八幡宮との密接な関係の元に創出されたことを物語る。延喜二十一（九二一）年、観世音寺西大門で七歳の橘滋子に下った託宣によって筥崎宮が創建されるが、このなかで八幡大神は「竈門明神はわが伯母」と宣している。十一世紀後半から十二世紀初頭にかけて、院範《いんぱん》、頼《らい》清《せい》、光清《こうせい》など石清水《いわしみず》八幡の関係者がこの山にあった大山寺《だいせんじ》の別当を兼ねた時期があった。この時代、応徳二（一〇八五）年には白河院から「九州総鎮守」の官符と神領八十庄を賜ったと伝え、宝満山のもっとも繁栄した時代であった。この山の神を宝満大菩薩、本地十一面観音とする考え方も、本来「竈門神一座」であったこの山に、宝満大菩薩（玉依姫）・聖母大菩薩（神功皇后）・八幡大菩薩（応神天皇）の三座をあわせ祀るようになったのも、石清水八幡の祠官が宝満山の祭祀に関わったこの時代のことであると考えられる。

竈門神社

この山に鎮座する竈門神社は頂上に上宮、麓に下宮、八合目（標高七二三メートル付近）に中宮跡がある。延喜式内社、旧官幣小社であり、平成二十五年に御鎮座一三五〇年の慶賀

大正の中頃
古い本殿での祭典の様子
（提供：竈門神社）

の年を迎える。『竈門山宝満宮伝記』等の縁起は、この山での祭祀の始まりについて、「大宰府ができた時、その鬼門除けのために山頂で八百萬神の神祭をしたことによる」と伝えている。それを物語るかのように上宮が建つ巨岩の断崖などで、古代の国家的な祭祀遺跡が発見されている。御笠山から竈門山への山名の変遷は、この山が国家的祭祀を担うことになったことと軌を一にする。

この山の開山は法相の僧心蓮《しんれん》上人。天武天皇の白鳳二年二月十日、心蓮修行中に玉依姫が示現し、天皇の命によって上宮が創建されたと伝える。また『竈門山宝満大菩薩記』には、竈門上下宮と末社十所王子の創建が香椎宮の創建と同じ神亀元（七二四）年であると伝えている。これらの伝承は、この山が古く官寺僧などの山林修行の場であったことや、奈良時代の国家的祭祀を受け継ぎ、その後もながく鎮護国家を祈る山として重要な位置を占めていたことを物語るものである。

最澄の来山

延暦二十二（八〇三）年閏《うるう》十月、入唐《にっとう》請益《しょうやく》天台《てんだい》法花《ほっけ》宗《しゅう》還学生《げんがくじょう》として唐への渡海を志す最澄は、〝大宰府竈門山寺〟において遣唐四船の渡海の平安を祈って薬師仏四躯を彫った。竈門山寺の跡は、鴻臚館式瓦一組が採取された下宮参道南側の礎石群がある場所だと考えられている。しかし現在地表に見える礎石は平安後期に整地して再建された講堂か金堂クラスの大型建物の跡。平成二十二年には、ここから西南へ一〇〇メートルほどの地点で平安初期と思われる寺跡が発掘されており、江戸初期の絵図には山中東院谷に「伝教屋敷」の注記がある。山林修行者の居所を「山寺」と称したことなども考え合わせ、さらに広範囲の発掘調査等が必要と考えられる。

大正元年10月14日、
竈門神社上宮正遷宮祭
（提供：木村甚治氏）

最澄は帰国後、大乗戒壇《だいじょうかいだん》の設置と六所宝塔建立の二大願を発する。六所宝塔は、奈良時代の国分寺・国分尼寺の制に替わって、日本国の中央と辺境の六カ所に多宝塔を建て法華経の功徳によって日本国の平安な治国を実現しようとするものであった。入唐求法《にっとうぐほう》の成就を渡海前に祈願した神々に報謝するため、弘仁五（八一四）年筑紫に下った最澄は、檀像千手観音菩薩一躯をつくり、法華経一千部八千巻を書写した。これは当地に建設予定の多宝塔に納めるための法華経であったと考えられる。

三代座主円仁《えんにん》が唐から帰国後半年も大宰府に滞在し続けたのは、最澄の遺志の実現のためではなかっただろうか。『入唐求法巡礼行記』によると、円仁は承和十四（八四七）年十一月二十八日から五日間をかけて、竈門山大山寺に於いて、観世音寺講師《こうじ》の助力のもと、諸神に報謝の転経をしている。沙彌《しゃみ》證覚《しょうかく》によって実際に宝塔が建立されたのは、承平三（九三三）年であった。その四年後承平七年には宇佐弥勒寺に建立予定であった安南宝塔が筥崎宮に建てられた。内外ともに政情不安な時代、ことに海外の脅威の高まった時代であった。

平成二十一年秋、安西宝塔の跡と考えられる宝満山本谷遺跡と宇佐神宮境内に、比叡山延暦寺によって宝塔が建立された。最澄の志は今の世に伝えられたのである。

鎮西の比叡山

相次ぐ天台の高僧の来山、そして六所宝塔の建立などを経て、宝満山は鎮西の比叡山ともいうべき様相を呈していった。最盛期、平安後期から鎌倉期にかけて、大山寺・有智山寺《うちやまでら》は、中国人の〝船頭〟を寄人《よりびと》として抱え対外貿易をさかんに行い、先進的な文物が数多《あまた》もたらされ、一大仏教文化センターともいうべき様相を呈した。

百箇日法華六十巻談義や有智山三十講等の法会《ほうえ》が厳修され、台密《だいみつ》の祖谷阿闍梨皇慶《たにあじゃりこうけい》に両部

竈門神社上宮の社務所。
上宮本殿に向かって左側にあった。
昭和27年、上宮とともに焼亡。
その後、本殿は昭和32年に再興された
（提供：竈門神社）

の大法を授けた東寺の慶雲《けいうん》阿闍梨などの高僧が住み、山麓に営まれた別所では経塚造営、民衆教化などの活動が活発に行われ、背振山の彼方を西方極楽浄土と目《もく》して往生した僧の名が、中央の「往生伝」に散見する。

金剛宝満

宝満山は彦山を胎蔵界とする金剛界の修験の山であるとよくいわれる。

北部九州の守護職と大宰府の少弐《しょうに》の職を兼務した少弐氏は、宝満山に本城有智山城を築いた。この時期の宝満山に関する史料は乏しいが、中宮跡付近には、文保二（一三一八）年・元応元（一三一九）年・元亨三（一三二三）年の銘のある磨崖梵字仏が巨岩や岩壁に彫られており、当時の状況を想像させる。これら年紀は、いずれも蒙古襲来の後のわずかな期間を示している。おそらく蒙古襲来後の社会不安の中にあって、より強い験力《げんりき》が希求され、宝満山の修験化が図られたのであろう。そして修験の中心道場として「中宮」が開発されたと考えられるのである。

宝満山には修験道の開祖役行者《えんのぎょうじゃ》が来山し、山中の七窟及び彦山・宝満間の大峰を開いたという伝説がある。七窟の第一〝法城窟〟の中には十一面観音が線刻されているが、古い時代には籠窟行《ろうくつぎょう》や回峰行《かいほうぎょう》が単独で行われることが多かった。しかし鎌倉末頃からは、修験も教団化し、彦山との間の峰々を駆ける峰入りも団体で行われるようになり、儀軌も整えられていった。

戦いのさ中に

建武三（一三三六）年、少弐頼尚《よりひさ》が都落ちした足利尊氏を迎えに行った留守を衝かれ有智

大正時代、座主跡
（現在のキャンプセンター）での
記念写真。
当時も登山者でにぎわっていた
（提供：御田満生氏）

山城が落城した。山麓の内山・南谷・北谷に、学問を専《もっぱ》らにした衆徒方《しゅとがた》三百坊、修行を専らにした行者方七十坊があったという坊舎も、行者方二十五坊のみとなり、永禄元（一五五八）年、浄戒座主に願い出て、山上、西谷松の尾嶺・東院谷に移り住んだと伝えられている。

戦国期には大友氏の幕下《ばっか》高橋氏が宝満城に拠った。高橋紹運《じょううん》が宝満大菩薩に子孫繁栄を祈った願文は『竈門山宝満宮伝記』等に収録され、高橋氏に与力して共に戦った山伏の活躍も伝えられている。宝満山は戦乱に巻き込まれ、山も人心も荒廃し、衰微の一途を辿った。

江戸時代の宝満山

江戸期、宝満山の堂社の復興は福岡藩によって行われた。しかし戦乱に疲弊したこととあわせて浄戒座主が没落したことは、山を不安定な状態にした。三代藩主黒田光之が、父忠之に追腹《おいばら》した山伏明厳院の倅《せがれ》を国中山伏の惣司に任命したことに反発した宝満山は、彦山の助力を得ようとしたが、それ以来彦山は、「宝満山は彦山の末山である」と主張し、かえって両山の本末争いに発展した。宝満山は「古来宝満・彦山は金胎両部の山として、役行者以来双び立ちたる峯」と主張し、寛文五（一六六五）年、聖護院の末山となった。その急先鋒が若くして衆頭となった平石坊弘有《ひろいしぼうこうゆう》である。弘有は天正の兵火に焼失した縁起の再編集に着手し、国学者松下見林の校閲をうけ、五条大納言に本文の揮毫を、外題并和歌は鷹司《たかつかさ》右大臣兼熙《かねひろ》に依頼するという格式高い『竈門山宝満宮伝記』乾坤《けんこん》二巻として成立させた。山の復興に邁進した弘有であったが、元禄元（一六八八）年、離山禁錮を命じられ、彦山・宝満山の本末論争は一応の和解をみた。

弘有離山後の宝満山には座主楞伽院《りょうがいん》がたてられ、山中二十五坊、筑前一円に組下三十数坊の一山組織が確立し、黒田藩の祈禱社として入峰、雨乞い祈禱などが行われた。入峰修行は

西高辻信任宮司（中央）の
竈門神社上宮視察
（提供：御田満生氏）

修験道においてもっとも大切な修行であるが、古来の彦山・宝満山間の大峯（秋峰）修行に加えて、元禄十二（一六九九）年、宗像孔大寺山を胎蔵界とし、三郡山系に展開する古代以来の寺院等を巡り、帰路は宗像・香椎・筥崎等の古来の大社、博多市中・福岡城内を経巡る葛城《かつらぎ》峯（春峰）が「再興」された。

明治維新、そして現在《いま》

明治初年に相次いで出された所謂《いわゆる》「神仏分離令」は、宝満山にとって南北朝期の有智山合戦、戦国期の一山を城塞化した宝満城の戦いに巻き込まれたことにまさる危機であった。明治五（一八七二）年、修験道が廃止され、山伏には離山の命令が出された。山中では廃仏毀釈が徹底的に行われ、仏教的建造物、仏像、仏具等が払拭され、山伏が手を入れ育成してきた山林は上地《あげち》となった。竈門神社上宮は内山村の村社、下宮は無格社とされ、中宮は廃止となった。福岡裁判所判事として赴任した原田直敦の指摘により、吉嗣拝山ら地元の人びとが官幣社昇格運動をおこし、ようやく官幣小社に昇格したのは明治二十八（一八九五）年のことであった。

古来、人びとは様々な願意をもってこの山の神に祈ってきた。歴史の表舞台では「鎮護国家」を祈ることが中心的なこの山の役割として印象づけられるが、庶民の信仰も地下水脈の如くこの山に息づいている。昭和五十七年宝満山修験会が結成され、山伏たちも戻ってきた。伝教大師銅像も建立され、天台の灯も再び点った。宝満山に登る人はひきもきらない。玉依姫は山に集うすべての人々をやさしく包み、今日も心地よい風を吹かせてくださっているのだ。そして永遠に……。

ゆるり宝満山　祈りと暮らし

宝満山の魅力が少しは伝わりましたでしょうか？

宝満山はたくさんの人々に愛され、古くは御笠山、竈門山と呼ばれて多くの歴史を秘めていました。また宝満山を取り巻く里山でも、祈りや暮らしが脈々と受け継がれています。宝満山や山麓を舞台に息づき営まれる自然や暮らしに、私は大いに感動し魅了されました。太宰府育ちなのに改めて宝満山の奥深さを知る、驚きと再発見の山を巡る旅でした。

　宝満山正面登拝道入り口に当たる竈門神社では、季節の花たちが咲き乱れ、たくさんの行事や祭りに多くの参拝者が訪れます。縁結びの神さまでもある竈門神社では、良縁を願い参拝する方たちにも数多く出会いました。

　豊かな自然に抱かれて山中に踏み入ると、ひっそりと眠る遺跡や長い歳月の風雨に耐え成長した樹々と四季の花たち。標高八二九・六メートルと決して高くはない宝満山ですが、その割には険しい石段の登山道です。竈門神社上宮がある山頂からの四方一

望の雄大な眺めも爽快です。
　豊かな山の樹々が蓄え育んだ滴は、苔むした岩を伝って成長。やがて沢となり滝となって山を下り、田畑を潤します。川となった山の恵みの水は、その流域の里や平野、さらに海の生物までも育み、人々の暮らしも支えています。
　わずか二年間の撮影期間でしたが、私なりに見て感じたことをできるだけ表現しました。一年を通してたくさんの登山者で賑わう宝満山や周辺地域の魅惑の風景と共に、私の感動が少しでも皆さまに伝わりますと幸いです。
　最後に撮影を続けるに当たりたくさんの方たちから、多くの協力と応援をいただきました。竈門神社に参拝の皆さま、宝満登山で出会った皆さま、周辺地域に暮らすたくさんの皆さまにもお世話になりました。この場を借りて御礼を申し上げます。ありがとうございました。

平成二十三年三月

栗原隆司

宝満山山頂の竈門神社上宮を照らして朝日が顔を出す

取材・編集協力
阿志岐小学校
竈門神社
柴田浩二
神道夢想流杖道振興会
太宰府小学校
太宰府天満宮
西鉄山友会
原・内山・北谷氏子会
宝満山修験会

写真提供
木村　甚治
中馬　泰裕
平木洋一郎
御田　満生
山﨑　久己
（五十音順、敬称略）

参考文献

中野幡能編著『筑前国宝満山信仰史の研究』太宰府顕彰会、1980年
福岡自然に楽しむ会『宝満山徹底ガイド』西日本新聞社、1998年
森弘子『宝満山歴史散歩』葦書房、1975年、2000年
森弘子『宝満山の環境歴史的研究』太宰府顕彰会、2008年

編集委員
馬場　宣彦（太宰府顕彰会常務理事）
松大路秀一（竈門神社禰宜）
毛利　清彦（太宰府顕彰会事務局長）
神島　亘　（太宰府天満宮権禰宜）

祈りの山 宝満山

いのりのやま　ほうまんざん
2011年４月10日　第１刷発行
著　　者　写真　栗原隆司　くりはら　たかし
　　　　　文　　森　弘子　もり　ひろこ
発 行 者　西俊明
発 行 所　有限会社海鳥社
〒810-0072　福岡県福岡市中央区長浜３丁目１番16号
電話 092-771-0132　ファクス 092-771-2546
印刷・製本　大村印刷株式会社
ISBN978-4-87415-812-8
http//www.kaichosha-f.co.jp
［定価は表紙カバーに表示］